BEI GRIN MACHT SICH IHR WISSEN BEZAHLT

- Wir veröffentlichen Ihre Hausarbeit,
  Bachelor- und Masterarbeit

- Ihr eigenes eBook und Buch -
  weltweit in allen wichtigen Shops

- Verdienen Sie an jedem Verkauf

Jetzt bei www.GRIN.com hochladen und kostenlos publizieren

Martin Fritz

George Orwell 1984 Buchvorstellung

Wie hat sich das vermutliche Weltbild von Kafka zu Orwell geändert?

GRIN Verlag

Bibliografische Information der Deutschen Nationalbibliothek:

Die Deutsche Bibliothek verzeichnet diese Publikation in der Deutschen National-
bibliografie; detaillierte bibliografische Daten sind im Internet über http://dnb.d-
nb.de/ abrufbar.

Impressum:

Copyright © 2012 GRIN Verlag, Open Publishing GmbH
Druck und Bindung: Books on Demand GmbH, Norderstedt Germany
ISBN: 978-3-656-31785-2

Dieses Buch bei GRIN:

http://www.grin.com/de/e-book/196259/george-orwell-1984-buchvorstellung

GRIN - Your knowledge has value

Inhaltsverzeichnis

George Orwell – Biographie...2

1984..2

   Gesellschaft und Politik...2

   Machtinstrumente der Partei..3

      Überwachung..3

      Neusprech..4

      Doppeldenk..5

      Propaganda...5

      Geschichtskontrolle..5

      Kriege..5

   Handlung...6

Stil und Sprache...7

Wie hat sich das (vermutliche) Weltbild von Kafka zu Orwell geändert?...........................7

Eigene Meinung zum Buch..8

Quellen...8

George Orwell – Biographie

George Orwell ist am 25. Juni 1903 als Eric Arthur Blair in Indien geboren. Sein Großvater war in der indischen Armee und kämpfte für Britisch-Indien. Sein Vater war als Kolonialbeamter für die Opiumernte zuständig, weswegen sein Vater zunächst in Indien blieb, als Orwells Mutter mit ihm und seiner Schwester nach England ging. Dort besuchte er unter anderem ein sehr renomiertes Internat der Oberschicht, aber mit der Zeit entwickelte er ein starke Ablehnung gegenüber das englische Klassensystem und diese Ablehnung weitete sich auch auf die imperialistische Politik der englischen Regierung aus, als er 1922 5 Jahre in Burma bei der Militärpolizei arbeitete, was eine Kolonie Englands war. Er hasste die Korruption zwischen den englischen und burmesischen Beamten und er konnte auch nicht ausstehen wie die weißen mit den Einheimischen umgegangen sind. Nach dem Rücktritt lebte er teilweise in Frankreich und England und musste sich mit kleineren Jobs wie Buchhandelsgehilfe oder Tellerwäscher über Wasser halten. Währenddessen schrieb er Kurzgeschichten wie „Shooting an Elefant" um seine Erlebnisse in Burma zu verarbeiten. 1937 nahm er am spanischen Bürgerkrieg teil und kämpfte für die Arbeiterpartei der Marxistischen Einheit, da er von einer sozialistischen Idee und vom Kommunismus sehr überzeugt war. Als er aber ein Jahr später nach England zurückkehrte und von den Schauprozessen und den Säuberungsaktionen der Sowjetunion erfuhr, lehnte er den Kommunismus deutlich ab, doch er war weiterhin bekennender Sozialist.

Während dem zweiten Weltkrieg schrieb er für viele verschiedene Medien, unter anderem auch für die BBC, um seinen Lebensunterhalt zu verdienen und auch während dieser Zeit schrieb er die Romane „1984" und „Farm der Tiere", die ihn weltberühmt machten. Am 21. Januar 1950 starb er schließlich an Tuberkulose.

1984

George Orwell hat den Roman „1984" im Zeitraum von 1946 bis 1948 geschrieben und sein Werk wurde dann auch schon 1949 veröffentlicht. Die Vertauschung der Ziffern des Jahres in dem der Roman fertiggestellt wurde deutet auf eine Zeit hin die weit in der Zukunft liegt und so wird der Roman auch häufig verstanden, als ein Buch über die Zukunft. Doch heutzutage kann man das Buch auch als eine Beschreibung unseres Lebens, in dem die Politik in das Alltagsleben vorgedrungen ist, verstehen.

In diesem Roman geht es um eine sogenannte Dystopie (auch Anti-Utopie), die das komplette Gegenteil einer Utopie darstellt. Somit hat diese Gattung einen Appellcharakter an den Leser, wie die Gesellschaft sich eben nicht entwickeln soll und die Autoren von Dystopien warnen so vor bedenklichen politischen Entwicklungen.

Um die Handlung dieses Romans zu verstehen muss zunächst erklärt werden, wie das System und wie die Gesellschaft funktioniert in der sich Winston Smith befindet. Deswegen werde ich hier zunächst die Gesellschaft in dem Roman vorstellen und danach auf die Machtinstrumente der totalitären Regierung eingehen, die auch das Alltägliche Leben eines jeden bestimmen.

Gesellschaft und Politik

KRIEG IST FRIEDEN

FREIHEIT IST SKLAVEREI

UNWISSENHEIT IST STÄRKE

Das sind die 3 Parolen der Partei und somit auch der Regierung, denn das Land Ozeanien wird von einer ein-Parteien-Diktatur beherrscht. Die Regierung ist in 4 Ministerien organisiert:

- Ministerium für Wahrheit
- Ministerium für Liebe
- Ministerium für Frieden
- Ministerium für Überfülle

Zu dieser Partei gehören 15% der Bevölkerung, die nochmal aufgeteilt ist in die Mitglieder der äußeren Partei (13% der Bevölkerung) und die Mitglieder der inneren Partei (2% der Bevölkerung). Den Rest der Bevölkerung machen die Arbeiter aus, die im Roman die „Proles" genannt werden.

Die Mitglieder der äußeren Partei haben sehr viele Privilegien und stellen als Oberschicht der Gesellschaft die Führung des Staates dar.

Mitglieder der inneren Partei dienen der Aufrechterhaltung der Partei und sind die Mittelschicht der Gesellschaft. Im Gegensatz zu der Oberschicht werden ihre Lebensmittel und sonstige Güter streng rationiert und auch Luxusgüter sind verboten. Mitglieder der inneren Partei dürfen zum Beispiel nur synthetisierten Gin trinken, während die Führung der Partei auch Wein trinken darf. Diese Mittelschicht ist stark von der Regierung überzeugt und macht alles was von der Partei befohlen wird.

Die Proles hingegen sind sehr unpolitisch und werden durch die Medien und durch die Armut dumm gehalten. Sie sollen für den Staat jediglich arbeiten und werden durch „Entertainment" wie Musik, Bücher und Pornofilme „ruhig gestellt". Ansonsten werden die Proles noch durch die von der Partei organisierte Lotterie unterhalten, wobei es oft nur fiktive Gewinner gibt, was die Unterschicht der Bevölkerung nicht weiß.

An der Spitze dieser Gesellschaft steht der „Große Bruder" und wird von den Mitgliedern der Partei vergöttert.

Machtinstrumente der Partei

Überwachung

Der Protagonist, Winston Smith, lebt in einem Staat der totalen Überwachung. In allen öffentlichen Einrichtungen und in jeder Wohnung der Mitglieder der Partei befinden sich Teleschirme. Zum einen sind es normale Fernseher wie wir sie kennen und werden dazu benutzt die Propaganda in jedem Haushalt in Ozeanien zu verbreiten. Doch der Teleschirm ist nicht nur ein Empfangsgerät, wie der Fernseher, sondern er besitzt auch eine Kamera und ein Mikrofon um jede Bewegung und jeden Ton der Bevölkerung aufzuzeichnen und auszuwerten. Diese Teleschirme laufen ununterbrochen und man darf sie niemals ausschalten. Diese Verhältnisse gleichen einem Panoptikum und sind für eine Dystopie nicht unüblich. Zum Beispiel sind in dem Roman „Wir" von Jewgeni Samjatin alle Wände aus Glas um so die totalitäre Überwachung zu gewährleisten.

Doch nicht nur die Teleschirme in 1984 überwachen die Bevölkerung. In ländlichen Gegenden befinden sich oft Mikrofone, die zwar kein Bild liefern doch über die Spracherkennung kann man auf die Person schließen, die das aufgenommene gesagt hat. Außerdem kann man nie erkennen ob wirklich ein Mikrofon in der Nähe ist.

Außerdem gibt es noch des öfteren Patrouillen, die nach dem Rechten schauen. Darüber hinaus bespitzeln sich die Menschen gegenseitig und falls man etwas verdächtiges Beobachtet hat, konnte man sofort die entsprechende Person bei der Gedankenpolizei denunzieren.

Diese Überwachung betrifft eigentlich nur die Menschen der äußeren Partei, da die Proles nach der Meinung der Partei es nicht Wert waren überwacht zu werden und die Mitglieder der inneren Partei hatten das Privileg den Teleschirm auszuschalten.

Winston Smiths Gedanken verraten dem Leser wie man sich verdächtig machen kann und zwar kann schon ein falscher Blick, eine falsche Handbewegung im falschen Moment ausreichen um denunziert zu werden. Somit lebt Winston Smith, der kritisch der Partei gegenübersteht, in andauernder Angst. Außerdem wird man verdächtig, wenn man öffentliche Veranstaltungen nicht besucht, wie zum Beispiel Massenexekutionen oder die abendlichen Treffen der Vereine. Die Menschen gehen davon aus, dass diese Veranstaltungen Spaß bereiten und wenn man eben nicht hingeht, gleicht dies einem Verrat an der Partei.

Gesetze an sich gibt es nicht, doch jeder weiß was von der Partei geduldet wird und was nicht. Wenn man schon allein etwas „verbotenes" denkt, wird dies als Gedankendelikt oder Gedankenverbrechen bezeichnet. Man geht davon aus, dass nach solch einem Verbrechen die Strafe folgt doch Winston meint dazu: „Das Gedankenverbrechen zieht nicht den Tod nach sich: Das Gedankenverbrechen ist der Tod." Diesen Zusammenhang kann man so verstehen, dass wenn man allein schon Gedanken gegen die Partei hat, nicht mehr in diesem System überlebensfähig ist, da die komplette Überzeugung von Nöten ist um zu existieren.

Wenn jemand denunziert wurde und es zur Verhaftung kommen soll, so sagt Smith, dass die Verhaftung immer Nachts stattfindet und auf jeden fall unerwartet geschieht. Dann verschwindet die Person spurlos, was in dem Roman „vaporisieren (= verdampfen)" genannt wird. Was genau geschieht weiß keiner, doch schon noch einigen Tagen wird sich keiner mehr an die vaporisierte Person mehr erinnern können, denn sie verschwindet einfach von der Bildfläche und auch von allen Teilnehmerlisten und auch jegliche andere Hinweise auf die ehemalige Existenz dieser Person werden vernichtet.

Neusprech

Neusprech ist eine neue Sprache die allmählich in Ozeanien eingeführt wird. Das Ziel dieser Sprache wird im Buch sehr deutlich dargestellt, als Winston Smith mit einem redet, der in dem Moment an der Ausarbeitung dieser Sprache arbeitet. Er sagt zu Winston: „Begreifst du denn nicht, dass Neusprech nur ein Ziel hat, nämlich den Gedankenspielraum einzuengen? Zu guter Letzt werden wir Gedenkendelikte (→ siehe Überwachung) buchstäblich unmöglich machen, weil es keine Wörter mehr geben wird um sie auszudrücken." (S. 76-77)

Um den Gedankenspielraum einzuengen werden immer mehr Wörter vernichtete und die Bedeutung der bleibenden Wörter wird klar definiert. Hierzu 2 Beispiele:

- Das Wort „gut" benötigt nach dem Prinzip des Neusprech keine Synonyme mehr, also werden alle Vokabeln wie „hervorragend" und „großartig" vernichtet. Antonyme wie „schlecht" sind auch nicht mehr nötig, denn sie werden durch das Wort „ungut" ausgedrückt und Steigerungen von „gut" heißen in Neusprech „Plusgut" oder „Doppelplusgut". Somit kann man viele Wörter nur durch das Wort „gut" ersetzen und man kann gar nicht mehr in den Dimensionen von „großartig" und „wunderschön" denken.

- Am Schluß des Buches werden die Grundlagen des Neusprech noch einmal extra vermittelt. Hier wird ein Beispiel der klaren Definition von Wörtern aufgezeigt: In Neusprech kann ein Wort wie „frei" existieren, doch nur im Sinne von „Der Hund ist frei von Flöhen". Die Bedeutung von politischer Freiheit oder geistiger Freiheit besitzt dieses Wort in Neusprech nicht mehr. Somit kann man auch hier nicht mehr in diesen Dimensionen denken sondern nur noch in denen die die Partei eben durch die neue Sprache erlaubt.

Durch dieses Machtinstrument kann jegliche Kritik an der Regierung erst gar nicht entstehen, da diese Kritik nicht einmal gedacht oder ausgesprochen werden kann, da es die Wörter dazu nicht gibt. Der Prozess der Einführung dieser Sprache kann natürlich nicht über Nacht vollzogen werden. Man hat 1950 angefangen diese Sprache zu entwickeln und rechnet damit, dass 2050 jeder dieser Sprache sprechen wird.

Doppeldenk

Doppeldenk ist eine weiteres Mittel, das eingeführt wurde um die Parteitreue zu gewährleisten. Wenn die Partei sagt, dass 2 + 2 = 5, dann stimmt diese Aussage, denn die Partei hat immer Recht. Wenn man aber für die Wissenschaft arbeitet und man die Mathematik anwenden muss in der 2 + 2 = 4 ist, dann setzt Doppeldenk ein. Die Menschen Ozeaniens können eben in manchen Situationen die Wahrheit der Partei durch die Wahrheit der Wissenschaft ersetzen, falls die Arbeit es erfordert. Dieser Übergang wird jedoch kaum wahrgenommen, somit wird die Wahrheit der Partei auch nie in Frage gestellt.

Propaganda

Die Propaganda wird hauptsächlich durch den Teleschirm vermittelt und zeigt auch die extreme zentrale Planwirtschaft. In den Nachrichten wird immer darüber berichtet um ein wie vielfaches die Pläne übertroffen wurden. Zum Beispiel heißt es, dass in dem Jahr mehrere Hundertmillionen Schuhe produziert wurden, doch gleichzeitig läuft jeder 2. in Ozeanien barfuß herum. Die Wahrheit wird auch über sehr kurze Zeitabschnitte verdreht. Zum Beispiel heißt es an einem Tag, dass die Schokoladenration von 30 Gramm auf 20 Gramm reduziert werden muss, um den Krieg zu finanzieren und am nächsten Tag wird in den Nachrichten propagiert, dass die Schokoladenration so hoch ist wie noch nie und alle scheinen es zu glauben.

Geschichtskontrolle

Der Protagonist, Winston Smith, arbeitet im Ministerium für Wahrheit, in der die Wahrheit an die Politik der Partei angepasst werden soll. Hier geht es hauptsächlich um die Manipulation der Vergangenheit. So werden ehemalige Zeitungsberichte nachträglich so verändert, dass der Eindruck entsteht, dass die derzeitige Politik der Partei schon immer so abgelaufen ist. Zum Beispiel werden des öfteren Prognosen für die Produktion von bestimmten Gütern gemacht. Wenn die Realität aber mit den ehemals aufgestellten Vorhersagen nicht übereinstimmt, wird im Ministerium für Wahrheit der Zeitungsartikel so geändert, dass die Vorhersagen die richtigen waren. Somit wird sichergestellt, dass selbst wenn jemand den ehemaligen Zeitungsartikel liest, die Doktrin, dass die Partei immer Recht hat, nicht verletzt wird. Winston erkennt dieses Machtinstrument und beschreibt es wie folgt:

„Wer die Macht über die Geschichte hat, hat auch Macht über Gegenwart und Zukunft."

Kriege

In den 50er Jahren herrschte ein gigantischer Atomkrieg und die Welt wurde aufgeteilt in die 3 Seigermächte: Ozeanien beherrscht Amerika, Südafrika, Australien und Großbritannien

Eurasien beherrscht Europa und Russland

Ostasien beherrscht China und die angrenzenden Länder

Nach dem Atomkrieg merkten die Siegermächte, dass ein Krieg zwischen ihnen selbst vernichtend für die ganze Welt wäre, also beschlossen sie um die Vorherrschaft in Afrika zu kämpfen. Über die Teleschirme werden dauernd Erfolge im Krieg gegen Ostasien oder Eurasien (je nach dem mit wem sich Ozeanien gerade im Krieg befindet) gefeiert, doch ein Sieg wurde nie erreicht. Über London, wo Winston wohnt, werden oft Bomben abgeschmissen, die unzählige Menschen in den Tod reisen, doch ob die Bomben von den Feinden stammen, oder ob die Partei selbst diese Bomben auf die eigene Bevölkerung abwirft um den „Schein" des Krieges zu wahren ist unklar. Auf jedenfall wird der Krieg als Grund dazu benutzt um die Kürzungen der Rationen oder Verlängerungen der Arbeitszeiten durchzusetzen. Darüber hinaus schweißt der Hass auf den Feind die Bevölkerung zusammen.

Handlung

In dem Roman geht es um das Leben des Protagonisten Winston Smith im Jahre 1984, der in einem erdachten totalitären Regime lebt. Den Bewohnern wurde jegliche Freiheit geraubt, doch Winston Smith versucht sich dagegen aufzulehnen.

Der Roman ist in 3 Teile untergliedert, die auch jeweils einen Sinnabschnitt bilden.

Im **ersten Teil** wird vor allem der Alltag von Winston Smith dargestellt. Man merkt wie die Partei in alle Bereiche des Lebens eindringt und die totalitäre Kontrolle der Bürger, wie sie in schon im Kapitel „Machtinstrumente der Partei" beschrieben wurde. Doch Winston erkennt die Schrecklichkeit des Systems und steht der Partei innerlich kritisch gegenüber. Aufgrund der ständigen Überwachung muss er sich jedoch ständig verstellen. Um seine Gedanken zu ordnen und auch um seine Gefühle vielleicht besser kontrollieren zu können beginnt er ein Tagebuch zu schreiben. In seiner Freizeit zu schreiben ist sehr ungewöhnlich in Ozeanien, deswegen muss Winston sich immer in einer seines Zimmers verstecken, da er dort nicht vom Teleschirm erfasst wird. Dabei ist er sich bewusst, dass falls dieses Tagebuch jemals entdeckt wird, er selbst sofort umgebracht wird und das Buch vernichtet wird. Deswegen sieht er sich schon jetzt als toten Mann, doch durch Verstellung muss er versuchen die Exekution hinauszuzögern.

Während dieses Teils wird auch oft verdeutlicht, dass die Planwirtschaft nicht funktioniert. Es gibt eine dauerhafte Knappheit an Gütern wie Rasierklingen, die Lebensmittel sind von niedrigster Qualität und trotzdem wird den Menschen erzählt, dass der Lebensstandard so hoch ist wie noch nie.

Da Winston Smith im Ministerium für Wahrheit arbeitet und dort die Vergangenheit fälscht, findet er eben diese so interessant, da er sich bewusst ist, dass sich bald niemand mehr an die Vergangenheit erinnern kann. Deswegen hat er auch angefangen sein Tagebuch zu verfassen, aber er läuft auch oft im Viertel der Proles rum und kauft dort zum Beispiel eine uralte Glaskugel in einem kleinen Laden. Über diesem Laden befindet sich eine Wohnung ohne einen Teleschirm von dem sich Winston auch sehr angezogen fühlt, doch er darf sich nicht zu oft im Proles-Viertel blicken lassen, da so ein Verhalten sehr ungewöhnlich ist.

Der **zweite Teil** handelt von der Liebesaffäre zwischen Winston und Julia, was einen enormen Widerstand gegen die Partei darstellt.

Julia beobachtet Winston schon seit geraumer Zeit, der dadurch annimmt, dass sie zu der Gedankenpolizei gehört und hat somit Angst vor ihr denunziert zu werden. Doch Sie schafft es ihm mit größter Mühe eine Nachricht zu übergeben auf der steht: „Ich liebe dich". Da die menschliche Zuneigung in diesem System aber nicht toleriert wird, müssen sich die beiden an versteckten Orten, wie in Häusern der Proles, treffen. Dort haben Sie des öfteren Sex, was ein sehr großes Verbrechen ist, da Geschlechtsverkehr, nach Ansicht der Partei, nur zur Fortpflanzung dienen soll.

Während dieser Zeit trifft Winston auch O'Brien, der sich zunächst als Regimegegner ausgibt und nimmt Winston und Julia in die Untergrundorganisation „die Bruderschaft" auf, die gegen die Partei arbeitet. Deswegen lässt O'Brien Winston „das Buch" zukommen, in dem sehr systematisch erklärt wird, wie schrecklich die ganze Gesellschaft und die Politik aufgebaut ist.

Doch eines Abends ist Julia mit Winston in einer Wohnung der Proles und als Sie das Buch lesen, werden sie plötzlich festgenommen.

Im **dritten Teil** geht es um die Gefangenschaft von Winston und um seine Umerziehung im Ministerium für Liebe.

Winston wird im Ministerium für Liebe gefangen genommen und gefoltert um sein altes Weltbild zu vernichten. Dieses soll durch die Liebe an die Partei und an den großen Bruder ersetzt werden. Der Zuständige für Winston ist O'Brien, der doch nicht zur Bruderschaft gehört, sondern Winston nur eine Falle gelockt hat. Es kommt auch heraus, dass Winston schon Jahre lang beobachtet wurde.

Die Gehirnwäsche durch Gewalt scheint erfolgreich zu sein, doch plötzlich redet Winston im Traum von seiner Liebe zu Julia und O'Brien merkt, dass die Umerziehung noch nicht vollständig ist, also wird Winston mit seiner größten Angst gefoltert: Ratten. Dabei fordert er O'Brien auf ihn zu verschonen und stattdessen Julia zu foltern. Winston hat Julia verraten und sein Wille ist gebrochen und er fängt an den großen Bruder zu lieben. Dabei ist ihm völlig klar, dass er früher oder später ermordet wird, da Menschen, die ein Gedankendelikt begangen haben, immer umgebracht werden. Deswegen fragt Winston einmal, warum sie ihn nicht gleich erschießen und O'Brien erklärt ihm, dass dieser Umstand Ozeanien von allen anderen bisherigen totalitären Regimen unterscheidet. Durch die vorherige Umerziehung, gibt es keinen Märtyrer mehr und somit auch keinen anderen Glauben neben der Partei, für den jemand gestorben ist. Solche Märtyrer haben in der Geschichte, so O'Brien, immer viele Anhänger gehabt und so auch die Machtstellung der Obrigkeit gefährdet. Deswegen werden in Ozeanien die Aufständischen zunächst umerzogen, bevor man sie umbringt.

Stil und Sprache

Der Erzähler im Roman „1984" ist ein personaler Erzähler aus der Sicht von Winston Smith. Somit erfährt der Leser das Geschehen nur aus der Sicht dieser Person, was sehr subjektiv ist. Der Erzähler verwendet hauptsächlich folgende erzählerische Mittel: die erlebte Rede, den inneren Monolog und den Bewusstseinsstrom („stream of consciousness").

Die Sprache ist sehr anschaulich und sehr detailreich und oft wird auch sehr wissenschaftlich erklärt, zum Beispiel als Winston das Buch, welches er von O'Brien erhält, liest.

Wie hat sich das (vermutliche) Weltbild von Kafka zu Orwell geändert?

Zunächst lässt sich deutlich feststellen, dass Kafka seinen Roman „Der Proceß" vor dem 2. Weltkrieg geschrieben hat, wohingegen „1984" nach dem 2. Weltkrieg entstanden ist. Orwell hat das Naziregime und die Sowjetunion miterlebt und so ist sein Roman auch sehr viel radikaler als „Der Proceß". Josef K. ist sehr Fremdbestimmt, da das Gericht, ein riesiger Verwaltungsapparat, komplett in sein Leben eingedrungen ist. Wem das jedoch nutzt ist unklar. „1984" ist da sehr viel radikaler, denn die Fremdbestimmung der kompletten Bevölkerung wird aktiv als Machtinstrument benutzt um die Menschen zu unterdrücken.

Im Proceß wird die „Rädchenexistenz" eines modernen Menschen beschrieben, der keine Individualität besitzt und jederzeit austauschbar ist. Auch hier ist Orwell viel extremer, denn er beschreibt nicht nur den Verlust der Individualität, sondern diese wird durch den Glauben an die Partei ersetzt. Die Menschen in Ozeanien fühlen sich als Mitglieder der Partei, was weit über den Verlust der Individualität hinausgeht. Hier erkennt man sehr stark die Parallele zum Nationalsozialismus. Hitler wurde ähnlich wie der Große Bruder vergöttert, doch im Proceß gibt es solch starke Überzeugungen nicht. Man vielleicht auch sagen, dass Orwell Überlegungen von Kafka weiter gedacht hat. Wenn die Menschen in der Moderne ihre Individualität verlieren, wie Kafka es beschreibt, muss dieser Verlust irgendwie kompensiert werden. Nach Orwell eben durch die Identifizierung mit der Partei.

Kafka hat in seinem Roman beschrieben, dass die Menschen durch ihr „Nicht-Handeln" das System stützen, da niemand was dagegen tut, kann das System auch weiter bestehen. Orwell beschreibt dieses Verhalten bei den Proles ähnlich, da sie sich auch nicht gegen die Partei auflehnen, doch wenn man die Oberschicht im Proceß, also die Gerichtsbeamten, mit der Oberschicht in „1984" vergleicht gibt es sehr wohl Unterschiede. In Orwells Roman sind die Menschen voller Überzeugung von der Partei und tun alles für sie. Kafka geht nicht soweit, denn die Gerichtsbeamten im Proceß scheinen lediglich ihre Arbeit zu erledigen und für ihren eigenen Vorteil zu arbeiten, wenn sie durch Korruption und Vetternwirtschaft eventuell höhere Gewinne erzielen.

Josef K. wird plötzlich verhaftet, ohne irgendwelche Vorwarnung. Man kann annehmen, dass das Gericht Daten über K. gesammelt hat und ihn auch auf irgendeine Weise überwacht hat. Dies musste im Geheimen geschehen, sonst hätte K. etwas mitbekommen. In „1984" sind die Leute so von der Partei überzeugt, dass sie sich freiwillig überwachen lassen, was nach einem viel pessimistischeren Weltbild scheint, als das von Kafka. Trotzdem weisen die beiden Werke große Parallelen auf, womit man auf ähnliche Weltbilder schließen kann.

Eigene Meinung zum Buch

Meiner Meinung nach ist das Buch sehr empfehlenswert, da George Orwell sehr genau beschreibt, wie die Zukunft aussehen könnte. Das Buch kann auch als Parabel zu unserer heutigen Zeit gesehen werden, in der Überwachung, durch zum Beispiel Anti-Terror-Gesetze, nicht mehr undenkbar ist. Durch dieses Buch wird dem Leser die Grauenhaftigkeit eines solchen Überwachungsstaates vermittelt und deswegen sollte es auch jeder mal gelesen haben.

Quellen

George Orwell: 1984; Heyne Verlag

Caught Between Cultures; Klett-Verlag

http://de.wikipedia.org/w/index.php?title=1984_%28Roman%29&oldid=99233811

http://de.wikipedia.org/w/index.php?title=George_Orwell&oldid=99233784

http://de.wikipedia.org/w/index.php?title=Dystopie&oldid=99461318

http://www.ok.shuttle.de/ok/stein-gym/deutsch/lk/Claudia_Wolters_Orwell_1984_3.htm (9.2.2012)

http://www.teachsam.de/deutsch/d_ubausteine/aut_ub/kaf_ub/kaf_prozess_ub/kafprozess_ub_4.htm (9.2.2012)

http://www.exit-online.org/html/link.php?tab=autoren&kat=Robert%20Kurz&ktext=Wer%20ist
%20Big%20Brother (8.2.2012)